AF242279

1758

PANÉGYRIQUE.

PANÉGYRIQUE

DE

SAINT JEAN

DE DIEU,

INSTITUTEUR

DES RELIGIEUX DE LA CHARITÉ.

Prononcé le 8 Mars, jour de sa Fête, en 1745, 1749, & 1758 ; dans l'Eglise des RR. PP. de la Charité.

Par M. l'Abbé DE LA TOURDUPIN, Abbé d'Ambournai, Prédicateur ordinaire du Roi.

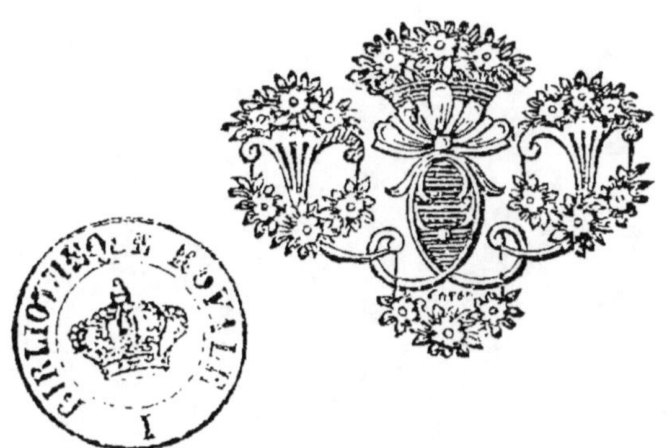

EN FRANCE.

M. DCC. LVIII.

PANÉGYRIQUE

DE

S. JEAN DE DIEU.

Ordinavit in me Charitatem. (a)

Dieu a reglé ma Charité.

U'ELLES sont rares les œuvres d'une charité, qui fixe en même-temps l'attention de la terre, & qui attire les graces du Ciel! L'apparence des sentimens n'en garantit pas toujours la sincérité. Il est une charité politique, dont l'intérêt est le mobile. Il est une charité fastueuse,

______

(a) Cant. 2.

A

dont la vanité corrompt le mérite.
Le monde s'y laisse surprendre, parce qu'il ne sçait pas en démêler le
faux, l'hypocrisie. Le monde est le
centre de l'illusion.

La vraie charité, pure dans ses
motifs, sublime dans ses desseins,
desintéressée dans sa conduite, humble dans ses succès, fait également
l'éloge & de la Religion qui l'inspire, & du Héros qui la pratique.

Je n'ai pas encore nommé S. JEAN
DE DIEU; mais est-il nécessaire que
je prononce son Nom, pour qu'on
reconnoisse son caractère ? Modèle,
Apôtre, Victime de la charité, il
lui consacre ses travaux, il y trouve sa gloire, il semble lui subordon-
ner toutes ses vertus... à réfléchir sur
ses actions, sur ses sentimens, on voit
que la charité même a pris soin de
former son cœur. A sa voix, il quit-
te tout, il ose tout entreprendre, il
réüssit à tout exécuter. Ou plutôt,
c'est le Ciel, qui, dans le ministère
laborieux, ingrat de la charité, appelle JEAN DE DIEU, le dirige, &
marque la trace de ses pas par l'éclat

de ses miracles. *Ordinavit in me charitatem.*

Charité, que Dieu inspire ; voilà sa vocation.

Charité, que Dieu anime ; voilà ses entreprises.

Charité, que Dieu couronne ; voilà sa récompense. *Ordinavit in me charitatem.*

Ave Maria.

PREMIERE PARTIE.

TOujours fidèle à son Eglise, le Seigneur a toujours sur elle des desseins de miséricorde. Or, dans la vocatiou de quel Saint, ses miséricordes se font elles manifestées avec plus d'éclat, que dans la vocation de S. JEAN DE DIEU ? Le jour, qui éclaire sa naissance, semble présager les merveilles, que l'Eglise a droit d'attendre de lui. Le berceau des Princes est le premier théatre de leur foiblesse : le berceau de JEAN DE DIEU est le premier théatre de sa gloire. Un nouveau Prophète l'annonce. Le Portugal apprend par l'organe d'un Ministre divinement infpiré, que dans les décrets éternels, Jean de Dieu eft deftiné à devenir le Protecteur, le Père des Pauvres ; qu'il fera, dans le fiècle le moins fenfible aux befoins de l'indigence, le héros, le reftaurateur de la charité . . . . Mais avant que d'admirer la fidélité du Saint, obfervons la conduite de Dieu fur lui.

Les exemples édifians , qu'il lui montre ,

Les révolutions imprévuës , qu'il lui fufcite ,

Les graces privilégiées, dont il le comble ,

Telles font les voyes fucceffives, qui préparent , qui décident la vocation de Jean de Dieu. Sa charité eft une charité que Dieu infpire. *Ordinavit in me charitatem.*

L'exemple eft un maître puiffant, impérieux. Il influë fur tous les âges. Mais il trouve dans la jeuneffe une docilité plus facile ; & prefque toujours il fait fur elle des impreffions plus fortes , plus durables. C'eft un germe fécond , qui fait éclorre les premiers fentimens, qui commande aux premieres inclinations. C'eſt, ſi je l'oſe le dire, l'Apôtre de tous les cœurs.

Cet Apôtre, perſuaſif, JEAN DE DIEU le trouve dans la conduite édifiante, que montrent à ſes réflexions les ſages, les vertueux Auteurs de ſes jours. La Providence le ſuſcite, pour ranger un peuple nombreux ſous les étendards de la charité ; elle le fait naître dans le ſein de la charité même. Incapable encore d'en éprouver les vifs tranſports , il en étudie déja les utiles leçons. L'éclat de la nobleſſe , les tréſors de l'oppulence offriront à d'autres l'eſpérance flatteuſe d'un brillant avenir : JEAN DE DIEU ſera redevable à ſes ancêtres d'un don plus précieux. Il recevra l'héritage de leurs vertus. La belle ſucceſſion, M. F. qu'une ſucceſſion de ſainteté !

Rarement une fortune périſſable eſt ici bas la récompence de la piété. Une probité ſûre , des mœurs irréprochables , des ſentimens chrétiens , ſont les ſeules richeſſes , que recüeille pour ſon fils le père de JEAN

DE DIEU. Content dans l'état d'une modeste médiocrité, peu jaloux d'une prospérité dangereuse, il sçait, jusques dans la situation la moins opulente, trouver des ressources, pour ménager des secours à l'indigence, aux affligés un azile. Son cœur est ingénieux à leur fournir au-delà de leurs espérances, au-delà de leurs desirs. On seroit tenté de croire que les trésors se multiplient dans les mains de la charité.

Ces généreux sentimens d'un père charitable, JEAN DE DIEU les voit secondés, animés par les tendres soins d'une mere, dont les Historiens laissent ignorer le nom; mais à laquelle ils donnent un nom consacré à l'immortalité, celui de mere des pauvres.

Frappé de ces touchans exemples, JEAN DE DIEU pouvoit-il ne pas les saisir, ne point s'en pénétrer? Ah! les éloges, que la voix reconnoissante des malheureux prodigue à ses pères, lui paroissent autant d'invitations à mériter, par les mêmes actions, la même reconnoissance. Les exemples, qui fixent ses regards, forment ses sentimens. A peine il se connoît lui-même, il connoît déja qu'il est une félicité plus pure, que la grandeur & l'opulence, le plaisir délicat de faire des heureux.

O Religion sainte! ô Eglise de Jesus-Christ, que ne devez-vous pas vous promettre d'une charité, dont les essais prématurés semblent annoncer une vertu consommée! Nouveau Samüel, JEAN DE DIEU, croît en âge, sa charité se perfectionne. Le goût l'avoit décidée; bien-tôt les motifs les plus nobles concoureront à l'épurer. Bien-tôt ses largesses ne connoîtront d'autres bornes, que ses biens. Lui reste-t'il des ressources? son cœur regrette de ne pas rencontrer plus d'indigens, pour distribuer plus de bienfaits.

Ainsi le Ciel le prépare à ses desseins.... Mais quel événement inopiné semble renverser les projets de JEAN DE DIEU, tromper l'attente des pauvres, s'opposer aux vuës de la Providence? A peine sorti des ténébres de l'enfance, comme un autre

Joſeph, il eſt arraché an ſein d'une famille éplorée. Dans Oropéza s'offre à ſon mérite une nouvelle Egypte. La grandeur l'appelle, la gloire l'attend ; il s'y refuſe...

Vous croyez, M. F. perdre ici de vuë l'homme de charité; non, non: JEAN DE DIEU remplit ſa vocation par les voyes mêmes qui ſemblent l'en écarter. Il change de ſituation ſans changer de ſentimens. Les révolutions imprévuës, que le Ciel lui prépare, ſont autant de routes myſtérieuſes, qui le conduiſent à ſa deſtination. Les pauvres ont toujours les mêmes droits ſur ſon cœur. *Ordinavit in me charitatem.*

Qu'elle vienne ſe confondre ici cette ſageſſe trompeuſe, dont les vuës bornées ne peuvent approfondir les ſecrets éternels. JEAN DE DIEU éloigné de ſa patrie, ſans nom, ſans crédit, ſans reſſource, cruellement abandonné, injuſtement accuſé, vertueux par penchant, pécheur par fragilité, pénitent par réflexion ; JEAN DE DIEU, que la néceſſité réduit au dernier rang des conditions humaines,

que la valeur entraîne dans l'horreur
des combats; voilà les fpectacles dif-
férens, que me retrace l'hiftoire de
fa vie.

Qui croiroit, qu'au milieu de tant
d'événemens oppofés en apparence,
l'Apôtre de la charité fe prépare ?
Oui , M. F. chaque trait , qui paroît l'éloigner de fa vocation, la con-
firme. Par-tout fe retrouve l'Homme
de la Providence. *Ordinavit in me charitatem.*

Je me rappelle ce jour, dirai-je
heureux , ou malheureux ? auquel
s'offre à l'inexpérience de JEAN DE
DIEU , un Miniftre des Autels, refpectable par fon caractère , odieux
par fa conduite , fuperftitieux dans
fa piété, imprudent dans fon zéle ,
inquiet dans fes démarches , errant
de villes en villes , de provinces en
provinces , abufant par-tout de la
crédulité des Peuples, & plus encore
de leurs bienfaits .... Par un récit
pompeux des merveilles , que pré-
fente l'Efpagne , il intéreffe , il flatte
la curiofité de JEAN DE DIEU, l'en-
lève à fes pères , le féduit, le guide ,

& bien-tôt l'abandonne. C'est-là, M. F. le premier instrument, dont le Ciel se sert, pour ouvrir à JEAN DE DIEU la carriere, dans laquelle il doit marcher. Il falloit qu'exposé à toutes les rigueurs de la pauvreté, il éprouvât, par une utile expérience, toutes les horreurs d'un pareil état. Il falloit qu'il connût par la charité, qu'on exerce envers lui, l'obligation de l'exercer envers les autres. On est plus sensible aux miséres des hommes, quand on en a été soi-même la victime.

Sous combien de faces se reproduit ici mon sujet! JEAN DE DIEU passe d'Etats en Etats ; par-tout digne d'éloges, par-tout supérieur à la bassesse de ses emplois ; l'envie même le respecte. La vertu brille au milieu des ténébres... Je vois son mérite sur le point de lui procurer une alliance flatteuse, inespérée. Arbitre de sa fortune, qu'il parle ; la prospérité vole au-devant de ses desirs. Non, non : ce n'est point par la voie des honneurs, des richesses, que vous voulez, Seigneur, conduire ce vaiſſeau d'élection, c'eſt par les revers, par les diſgraces. Vous paroiſſez l'éloigner de vous ; mais vous ſçaurez vous l'attacher ſans réſerve. Que frappé par votre main, il apprenne à connoître vos deſſeins, à les reſpecter, à s'y conformer. Il deviendra quelque temps un homme de péché, pour devenir à jamais un homme de charité. C'eſt dans les périls de la guerre, que vous l'attendez. Le Héros prépare le Saint.

Les démélés entre les deux plus grands Princes de la Chrétienté attiroient alors les regards de toute l'Europe. Toujours rivaux, mais avec des qualités oppoſées, Charles-Quint & François I. s'étoient engagés dans des guerres preſque toujours renaiſſantes. La puiſſance du premier étoit plus redoutable : la valeur du ſecond étoit plus ſûre. Celui-là n'écoutoit qu'une ambition ſans bornes : celui-ci ne ſoutenoit que ſes droits avec équité. L'un s'enveloppoit dans une politique raffinée : l'autre ſe livroit avec une franchiſe toujours égale. Charles-Quint aſpiroit à la Monarchie univerſelle : François I. défendoit ſa Couronne & ſon Peuple. Les qualités de l'Empereur étoient plus brillantes : celles du Monarque étoient plus ſolides. La Victoire ſuivoit les drapeaux de la Maiſon d'Autriche ; Charles-Quint étoit heureux : la France auroit eu droit d'eſpérer plus de triomphes ; François I. étoit malheureux. Tous deux avoient des héros, des admirateurs, de la célébrité, de la gloire, du mérite, & l'Europe les trouvoit tous deux d'autant plus grands, qu'ils étoient conſtamment ennemis, & dignes d'être ennemis l'un de l'autre.

Mais pourquoi, dans un Eloge chrétien, m'arrêter à ces objets politiques ? Ils ne doivent intéreſſer aujourd'hui, que par les liaiſons étroites qu'ils ont avec la conduite de JEAN DE DIEU. JEAN DE DIEU paroît dans les Armées Impériales. ... Pardonnons-lui d'avoir été l'ennemi de la France. Il étoit fidèle à ſon Prince. Nous ne devons pas lui faire un crime de ſon devoir. La France ſçait reſpecter la valeur &

la vertu dans ses ennemis mêmes.

Ce seroit ici le moment de montrer JEAN DE DIEU, tel que l'Espagne le vit, au siège célébre de Fontarabie, animé d'un courage noble, intrépide ; la gloire de la patrie le touche. Pour elle, il ose affronter les périls, défier la mort. La vraie vertu rend toujours les hommes ce qu'ils doivent être. Heureux ! si son cœur inaccessible aux sentimens de la crainte, l'eut également été aux impressions du scandale. Mais hélas ! qu'il est difficile, au milieu de la licence des armes, d'écouter toujours la voix austère du devoir ! La séduction se présente ; JEAN DE DIEU s'y prête ; sa piété s'oublie, son cœur le trahit, le Saint dégénére, l'homme succombe. JEAN DE DIEU n'est plus lui-même.

Mais si la foiblesse a sur lui quelques droits, elle ne les conservera pas long-temps. La réflexion amenera bientôt le repentir. Les remords suivront le crime. Le Ciel l'éclaire, la grace le touche. Frappé, terrassé, comme un autre Saul, baigné

dans son sang, il voit l'affreuse image de la mort. Le tombeau s'ouvre
à ses yeux ... Objets lugubres ! il en
est effrayé, lui, qui n'a point craint
de les braver dans le tumulte d'une
action sanguinaire. Un retour sérieux
sur lui-même lui dévoile toute la
honte, tout le crime de ses égare-
mens. Agité, troublé, il pense, il
gémit, il prie, il change. Un même
instant le voit renaître à la vie, à la
vertu. Hélas ! falloit-il qu'il n'échap-
pât au péril, que pour essuyer des
périls plus grands ? Couvert de gloire, il a touché au moment de sa
mort ; il y va toucher encore, mais
flétri, deshonoré, couvert d'ignomi-
nie. Les Saints ont toujours des ennemis.

Un larcin s'est commis. C'est sur
JEAN DE DIEU que paroissent tom-
ber les indices du crime. La défian-
ce le soupçonne, la calomnie l'accu-
se, l'injustice le condamne. Veillez,
ô mon Dieu ! veillez sur ses jours.
Vous êtes le protecteur de l'inno-
cence ; c'est à vous de la venger.
Encore un instant ; & JEAN DE DIEU

va , par un supplice infame, expier un crime , dont il n'est point coupable. Non , il ne périra point. L'erreur sera reconnuë, la vérité triomphera. Le coupable est découvert, il est puni. L'innocent est justifié. Les ennemis de JEAN DE DIEU deviennent ses admirateurs. La Providence va remplir ses desseins, & par les graces les plus signalées , conduire le Héros de la charité au terme de sa vocation. *Ordinavit in me charitatem.*

Jusques à présent , M. F. vous avez apperçus dans JEAN DE DIEU l'homme qu'une invisible main conduit dans des sentiers inconnus. Il avoit adoré les desseins de Dieu , sans les pénétrer. Tout change. Aux yeux de ce nouveau Prophête , se dévoilent les mystères du sombre avenir. Sous une image sensible , JEAN DE DIEU est instruit des épreuves qui l'attendent, des travaux qui l'appellent, des entreprises difficiles, mais glorieuses, auxquelles le Ciel le destine. Il sçait tout ce qu'il doit devenir. Il le sçait ; & son zèle s'enflamme ; fa charité le tranſporte. La Providence lui promet moins de revers , qu'il n'en ſouhaite.

Les grands cœurs forment toujours de grands projets. Si quelquefois ils n'ont pas la gloire de l'exécution , ils ont au moins le mérite du deſir. Les deſirs de JEAN DE DIEU n'avoient pas été d'abord conformes aux vuës ſecrettes, que le Ciel avoit ſur lui. Il voloit en Afrique, lorſque le Ciel l'appelloit en Eſpagne. Il ſoupiroit après le Martyre, lorſque le Ciel le préparoit à l'Apoſtolat. Déjà, ſaintement jaloux de répandre ſon ſang pour la gloire de Jeſus-Chriſt, il fuyoit ſa patrie, & ſe flattoit de trouver, dans les cruels diſciples de Mahomet, ennemis nés du nom chrétien, des tyrans favorables à ſes généreux deſſeins. Déja, vainqueur de la tentation délicate, que lui préſentoit un oncle, prêt à le combler de ſes bienfaits, JEAN DE DIEU s'étoit dérobé à ſes prieres, à ſes larmes ; déja, ſur un frêle vaiſſeau, il ſendoit les flots de la Mer ; déja, dans Alger, dans Thunis, il auroit voulu attaquer

le

le Mahométifme , prêcher l'Evangile , arborer la Croix , trouver des prifons , des buchers , des échaffaux , la mort. Mais quelle voix fe fait entendre ? JEAN DE DIEU, (*a*) *Grenade fera ta Croix* . . . JEAN DE DIEU, quel nom ! c'eft le Ciel qui le donne. *Grenade* ; quel Théatre ! c'eft le Ciel qui le défigne. *Grenade fera ta Croix* ; quelle deftinée ! c'eft le Ciel qui la fixe. . . . JEAN DE DIEU, écoutez ; obéiffez. Oubliez l'Afrique ; oubliez fes Tyrans, & fes fupplices. Votre mort n'eft point néceffaire à la Religion : vos jours font précieux à l'Eglife. Vous ne ferez point le Martyr de la Foi ; vous ferez le Martyr de la Charité. Grenade vous ouvre une carriere pénible , vafte , immenfe. Changez vos réfolutions. Sous la protection du Dieu qui vous guide, allez ; ofez tout entreprendre. Vous ne mourrez point dans les tourmens ; vous vivrez dans les fouffrances. Un martyre plus long eft un facrifice plus parfait.

(*a*) Voyez la Vie de Saint Jean de Dieu.

B

Eclairé fur fa vocation, JEAN DE DIEU n'afpire plus qu'à la remplir. Il marche, il vole vers Grenade. Que ce nom a pour lui d'attraits ! Il y trouvera des croix ; c'eft le comble de fes defirs. Il y fera le Père des Pauvres ; c'eft le miniftère qui flatte le plus fon cœur. Grenade ! Heureufe ville ! Qu'elle tarde à paroître à fes yeux ! L'impatience de fes fentimens femble accufer la lenteur de fes pas.

Laiffons, laiffons JEAN DE DIEU, parmi les raviffemens, les extafes, réfifter aux timides confeils de la politique, dédaigner les vaines repréfentations de l'amitié, méprifer tantôt les vents & les tempêtes, tantôt l'enfer & fes fureurs, tantôt la fortune & fes charmes, toujours le monde & fes dangers. Il eft temps de voir la vocation fe juftifier par les entreprifes. Dieu a préparé l'Apôtre de la charité. Il va le foûtenir. *Ordinavit in me charitatem.*

DEUXIÉME PARTIE.

ILs n'échouent que trop souvent les projets enfantés par politique humaine, semblables à ces édifices superbes, que la vanité élève, & que le temps détruit. Dieu ne les inspire pas, il ne se charge pas du soin de les soûtenir.

Mais ce même Dieu, qui se plaît à confondre l'ambition présomptueuse des hommes, leur ménage aussi des exemples frappans de sa protection. Souvent il rend la foiblesse même redoutable aux Puissances de la terre, & l'univers voit avec étonnement un fragile arbrisseau braver les vents & les orages. Quel garant plus sûr de cette vérité, que S. JEAN DE DIEU? Mille obstacles s'opposent à ses desseins. Le monde semble en avoir conjuré la ruine. Vains efforts. Tentatives impuissantes. JEAN DE DIEU les verra; il sçaura les dissiper. Il vaincra successivement & les difficultés, qui précéderont ses entreprises, & les travaux, qui les accompagneront. Une chari-

té, que Dieu foûtient, n'a point d'ennemis à craindre; elle n'a que des fuccès à
recüeillir. *Ordinavit in me charitatem.*

Tel que parût dans Jérufalem, ce
Prophéte fufcité de Dieu ; mais long-
temps expofé aux dérifions d'un Peuple rebelle , à l'indocile fierté des
grands , à la vengeance des Prophê-
tes impofteurs ; & qui vit , enfin, fes
ennemis humiliés, müets, abbatus :
*Bellabunt adverfum te , & non præ-
valebunt.* (a) Tel S. JEAN DE DIEU
paroît dans Grenade. Tout eft pré-
venu , tout eft déclaré contre lui. De
vaftes projets fufcitent toujours de
puiffans ennemis. *Bellabunt adverfum te.* Nouveau Jérémie, JEAN DE
DIEU a-t'il élevé contre le vice une
voix impérieufe , terrible ? Non. Les
contradictions , qu'il éprouve, naif-
fent d'un autre principe, de l'arti-
fice fingulier qu'invente fon humilité. Un délire prétendu le rend l'objet des infultes publiques. Le Difci-
ple de la Croix ofe en imiter la fainte folie. Folie refpectable ! mais qui

----

(a) Jérem. 15. 20.

répand sur sa conduite mille soup-
çons desavantageux. Action incon-
nuë à la sagesse humaine ; action digne d'un Héros Evangélique ; action
dans laquelle la Religion étouffe le
dernier germe de l'amour-propre...
Vous permettez, ô mon Dieu, que
votre Serviteur essuye les traits flé-
trissans de la plus noire calomnie;
mais du sein des humiliations, vous
ferez sortir sa gloire plus pure, plus
brillante. *Bellabunt ; & non præva-
lebunt*. Dans Grenade même, vous
lui préparez un vengeur, un Pané-
gyriste.... Les hommes vertueux
s'intéressent toujours aux succès de
la vertu.

Grenade possédoit alors un homme, puissant en œuvres, en paroles ;
prodige de pénitence, la gloire du
Sacerdoce ; l'édification de l'Eglise
par ses vertus, le soûtien par son zèle,
l'oracle par sa doctrine ; Jean d'Avila. Génie vaste, profond, universel ;
Directeur prudent, mais ferme. Prédicateur célébre, & digne de l'être ;
Apôtre de l'Andalousie, respecté
dans toute l'Espagne, connu de l'U-

nivers. Homme de conseil , d'autorité : les Princes adoptoient ses dé-
cisions, les sçavans profitoient de ses
lumieres , & sainte Thérèse le regar-
doit comme son vengeur , le consul-
toit comme son maître , le suivoit
comme son guide , son modèle....
Rien n'est plus propre à former à la
sainteté , qu'un Saint.

Il falloit à JEAN DE DIEU un homme aussi universellement accrédité ,
pour justifier les routes mystérieuses
de sa piété , pour détromper ceux,
dont une apparence peu favorable a
surpris la décision... Les hommes
condamnent souvent ce qu'ils de-
vroient admirer.

JEAN DE DIEU paroît au Tribu-
nal de son Juge. Avila prononce.
Dans la conduite de JEAN DE DIEU,
il découvre l'esprit de l'Evangile ,
l'applaudit , l'admire ; apologiste élo-
quent de la sainteté , il dissipe les
préventions, confond les censeurs,
& assûre les respects publics à celui,
qui avoit vû s'élever contre lui les
Princes, les Magistrats, le monde,
l'enfer. Que pourront à présent con-

tre JEAN DE DIEU la licence, l'incrédulité de fon siècle ? Que pourront
contre fes entreprifes les ennemis de
la vertu ? Ah ! vainement ils effaye-
ront d'arrêter dans fon cours ce fleu-
ve, qui partout va répandre la fer-
tilité, l'abondance. Les obftacles les
plus difficiles s'applaniront ; & l'on
verra les heureux travaux de JEAN
DE DIEU, prefque en même-temps,
commencer, s'accroître, s'achever.
Une charité, qui a Dieu pour appui,
ne doit rien appréhender de la part
des hommes. *Ordinavit in me charitatem.*

Je vous ai, M. F. annoncé de
grands projets, de grandes entreprifes. Quels projets? quelles entreprifes ? Un Ouvrage brillant, folide,
utile, immortel ; dont le plan, l'e-
xécution, le fuccès font également
admirables, furprenans, merveilleux.
Vous en allez juger. Entreprendre
d'élever un Edifice vafte, immenfe ;
projet digne d'un Roi puiffant ; projet peut-être au-deffus du pouvoir
de beaucoup de Princes ; entreprendre d'ouvrir à la mifére infirme,

B iv

abandonnée, un azyle contre l'inju-
re des temps, contre l'humiliation
de la pauvreté; l'entreprendre, feul,
fans reffource, fans protection, fans
intrigues; l'entreprendre, & l'exécuter. Non, ce n'eft pas l'ouvrage d'un
homme, c'eft l'ouvrage de Dieu même. *A Domino factum eft iftud*. (a).

L'Eglife avoit déja des Ordres
célébres, les uns confacrés à la re-
traite, les autres au zèle. Il lui man-
quoit un Ordre, qui fut uniquement
confacré à la charité dans le fervice
continuel des pauvres malades. C'eft
ce que médite JEAN DE DIEU. Le
plan eft conçu. Tout annonce les
prémices de l'œuvre fainte. Mais
quelle fatale révolution fufpend, arrête une entreprife heureufement
commencée? Une voix unanime s'é-
leve contre JEAN DE DIEU. Tout le
cenfure, tout le condamne. Homme
téméraire! s'écrie la prudence humaine, toujours défiante, toujours
craintive, où vous entraîne l'indif-
crétion de votre charité? Seule peut-

____

(a) Pf. 117. 23.

elle suffire à vos desseins ? Quelles
sont vos richesses? L'espérance. Mais
elle peut vous tromper. Quels sont
vos Protecteurs ? Vous n'en avez pas.
Dieu , dites-vous, est votre appui.
Mais vous tentez sa Providence. La
confiance est une vertu ; la présomp-
tion est un crime. Il vaut mieux ne
pas commencer un ouvrage , que de
l'abandonner après l'avoir commencé.

Ainsi Rome se récria , lorsque
S. Pierre entreprit de renverser la
Religion dominante de l'Empire , &
d'élever le Christianisme sur les débris des Idoles. Rome si superstitieu-
sement attachée à la multitude de
ses fausses Divinités ; Rome si éclai-
rée , se voit non-seulement la Capitale
du monde Chrétien , mais ne peut
comprendre , comment un homme
sans talens , sans éducation , sans protecteurs , a pû produire un effet aussi
subit , aussi miraculeux. Mêmes é-
preuves , mêmes succès dans l'entre-
prise de JEAN DE DIEU. Son indigence semble d'abord autoriser les
injustes clameurs de Grenade ; mais
Grenade reconnoîtra , que comme

pour arborer la Croix au Capitole,
Dieu a choisi des hommes sans expérience, sans autorité, de même il
choisit un homme foible, ignoré,
pour élever à la Charité un monu-
ment, qui ne doit être enséveli que
dans les débris des siècles. Ce qui est
impossible aux hommes, est possible
à Dieu. *A Domino factum est istud.*

Entrez, M. F. dans l'idee, que
je me forme du magnifique établis-
sement, que JEAN DE DIEU vient
d'élever. Une charité toujours ingé-
nieuse, toujours fervente, toujours
soûtenuë, quel spectacle ! A peine
cet afile a-t'il été ouvert à l'indigence, qu'on y a vû toutes les infir-
mités rassemblées. Théâtre public de
toute espéce de misére, & de toute
espéce de miséricorde. Des spectres
effrayans ; des corps, qui ne forment
qu'une playe ; des membres mutilés,
des buftes vivans ; des hommes, que
l'humanité semble desavoüer ; l'af-
semblage de tous les maux ; l'appa-
reil des opérations, plus sanglant
que celui des supplices ; la trifte
image de la mort, qui se reproduit

ſous mille formes différentes ; la mort
même trop ſouvent victorieuſe des ſe-
cours, des efforts de l'art. Des plain-
tes ſouvent injuſtes , toujours amé-
res ; des larmes , que les ſouffrances
arrachent , qui ſouvent irritent les
ſouffrances ; le zèle récompenſé par
l'ingratitude, la Providence accuſée
par le déſeſpoir ; tels les déplorables,
les éternels objets, qui fixent les regards , qui frappent les ſens , mais
qui ne peuvent rebuter la charité.
Telle eſt la peinture ébauchée du
triſte lieu , daus lequel JEAN DE
DIEU ſe renferme , dans lequel il
ſe deſtine à vivre , à mourir. Quel
héroïſme de ſentimens ! Vous les dé-
mêleriez mieux encore dans ſa conduite.

A quels travaux ne ſe livre-t'il pas?
Il eſt à tout ; il ſuffit à tout. Il eſt
l'homme de tous les ſoins, de tous
les emplois , de tous les ſervices.
Auſſi avide de ſe préſenter aux humiliations, qu'il eſt attentif à les épar-
gner aux autres. S'expoſer au péril
évident de la maladie, en ſoulageant
les malades, c'eſt ce qu'il ne daigne

jamais envifager. Partager les peines de fes freres, ce feroit trop peu; il voudroit les réunir en fa perfonne, & les en voir délivrés. Quel fupplice pour fon cœur, lorfqu'il voit exercer fur ces triftes victimes des cruautés extrêmes, mais néceffaires! Qu'il aimeroit à les fouftraire aux rigueurs de leur fort, à s'en charger lui-même! Egalement partagée entre tous ceux, que la Providence lui confie, fa prudente activité femble le multiplier, & rend fes travaux tellement univerfels, que perfonne n'échappe à fes foins empreffés. Le temps interrompt les occupations des autres : celles de JEAN DE DIEU font continües. Le jour ne les voit pas commencer ; la nuit ne les voit pas finir. Ne fe refufer qu'au repos ; voilà fon partage. Préférer les malades, dont les maux font les plus contagieux ; voilà fon privilége. Aller au-devant des defirs ; voilà fon étude. Auffi, la fageffe de fa conduite lui gagne-t'elle tous les cœurs. Or, Chrétiens, rendre des Pauvres, des Malades contens, c'eft l'éloge de la charité la plus parfaite. C'eſt une gloire peut-être unique à JEAN DE DIEU.

Sa charité eſt donc une charité que Dieu anime, que Dieu ſoûtient; c'eſt enfin une Charité, que Dieu couronne. *Ordinavit in me charitatem.*

TROISIÉME PARTIE.

QUEL Saint, dans l'exercice de ſa charité, s'eſt humilié plus profondément que JEAN DE DIEU, & s'eſt vû comblé d'une gloire plus brillante? Quel Saint s'eſt ſoûmis au joug d'une obéiſſance plus aveugle, & a mérité une autorité plus abſoluë? La Providence a dirigé la charité de JEAN DE DIEU, elle la récompenſe. *Ordinavit in me charitatem.*

C'eſt dans les ténébres même de ſon nouvel établiſſement, que la réputation de JEAN DE DIEU commence de tranſpirer. Déja tous les cœurs lui payent l'hommage flatteur de la reconnoiſſance. Les Pauvres publient les généreux, les continuels efforts de ſa charité. Les Riches s'em-

preſſent à l'envi d'en multiplier les
reſſources. Un édifice plus vaſte, plus
ſomptueux s'éleve. C'eſt le berceau
d'un nouvel Ordre. En effet, à peine
l'aſile de la Charité a-t'il pris une
forme ſolide, qu'on y voit accourir,
pour ſeconder ſon zèle, des diſciples
fervens, autrefois cenſeurs iniques de
ſa conduite. Là, ſe forment par ſes
ſoins, par ſes exemples, les Velaſco,
les Avila, les Arias, les Martins; ces
ces hommes, dont les vertus ſont
avérées, dont la réputation vit encore
dans leurs imitateurs. Là, commence cet Ordre célébre; cet Ordre,
dont les travaux n'auront pour objet
que le ſoulagement, le ſervice des
Pauvres; cet Ordre, qui bien-tôt
trop reſſerré dans l'enceinte d'une
ſeule Ville, d'un ſeul Royaume,
portera le nom, la gloire de JEAN
DE DIEU juſques aux climats les plus
reculés. Les ſuccès des Diſciples
éterniſeront ceux du Légiſlateur; &
les parties du monde, qui n'ont
point connu le Père, le connoîtront
par les Enfans.

Nous les voyons aujourd'hui ce

brillans succès, que l'Espagne ne vit alors que dans une espérance encore éloignée. Nous nous félicitons de recüeillir l'esprit de JEAN DE DIEU dans les héritiers de sa charité.

France, quelque temps jalouse de céder aux autres Royaumes un avantage si flatteur, vous l'avez bien-tôt partagé avec eux. Appellée dans cette Capitale, une portion de ces héros Chrétiens, a sçu, par des prodiges de zèle, vous dédommager d'une trop longue attente... Je laisse à leur conduite, toujours elle-même, le soin facile d'achever leur éloge. L'Eglise publie combien ils sont précieux à la Religion : le Déisme lui-même avouë qu'ils sont utiles à l'humanité. Les ennemis de la Foi sont forcés à respecter les vertus, qu'ils n'ont pas le courage d'imiter... Voulez-vous, MM. F. connoître ces hommes, toujours dirigés par l'esprit de leur saint Fondateur ? Souvenez-vous de ce qu'étoient leurs prédécesseurs. Ils n'ont point dégénéré. C'étoient des hommes, dont la charité étoit supérieure à toutes les épreuves ; des

hommes, qui ne penſoient, qui n'a-
giſſoient que par la charité ; des
hommes , qui ſans ceſſer d'être hommes , ſçavoient s'élever au-deſſus de
l'humanité. . . Sous ces glorieux traits,
on déſignoit les diſciples , que for-
moit JEAN DE DIEU. Il les retrouve-
roit encore dans ceux , qui les rem-
placent. Le même eſprit perpétuë le
même mérite.

Cet eſprit d'une charité toujours
active , toujours inépuiſable , porte
bientôt le nom de JEAN DE DIEU
juſques à la Cour. S'il n'eut écouté
que ſon humilité , il ſe ſeroit refuſé
à la gloire qui l'appelloit. Les intérêts des pauvres triomphent de ſes
répugnances. Mais juſques aux pieds
du Thrône , l'Apôtre de la charité
eſt toujours Apôtre. Les Saints ne
varient point dans leurs ſentimens.

Ses ſentimens , il les communique
à la Cour. Il paroît ; & la Cour devient généreuſe, charitable, preſque
prodigue. La charité n'opére pas
moins de miracles que le zèle.

Quels égards, j'ai penſé dire quel
reſpect ne témoigne pas à JEAN DE
DIEU ,

Dieu, le Prince le moins acceſſible, le plus difficile à ſe communiquer ; Philippe II ? Monarque trop élevé par ſes panégyriſtes, trop dégradé par ſes ennemis. Il réüniſſoit des qualités brillantes, & d'impardonnables défauts ; des vertus utiles, & des vices pernicieux. Protecteur de l'Egliſe, mais plutôt par vanité, que par ſentiment ; ami de la piété, qu'il pratiquoit par faſte, & que ſouvent par un rafinement étudié de zèle extérieur, il faiſoit ſervir à ſes deſſeins, en paroiſſant la faire ſervir à la Religion. Par un orgüeil aſiatique, il ne ſçavoit que rendre la grandeur terrible, ſans la rendre aimable. Diſſimulé, juſqu'à montrer dans le trouble, qui l'agitoit, un front ſerein, un eſprit tranquille, une ame ſupérieure aux événemens. Habile à répandre le feu de la diſcorde ; & ſe défiant de ceux mêmes qu'il chargeoit de conduire ſes factions. Confondant la décence avec la gravité, la fierté avec la nobleſſe ; jaloux de ſon autorité, implacable dans ſa haine, injuſte dans ſes vengeances… C'eſt ainſi qu'on

C

caractérisé Philippe II, les Historiens, qui n'ont pas été ses adulateurs. La vérité, cependant, lui doit la justice de le peindre sage, éclairé, courageux, libéral, magnifique, religieux... Les tableaux les plus brillans ont leurs ombres ; & les plus grands Princes ont eu leurs foiblesses.

Que l'Espagne ait vû souvent le faux zèle abuser de la confiance de ce Monarque : elle n'aura pas à reprocher la même conduite à JEAN DE DIEU. Intéressé pour les Pauvres, il se montre toujours desintéressé pour lui-même... Le Prince souhaite de le voir ; il lui parle avec bonté, que dis-je ? Il prévient ses souhaits, applaudit à sa charité, se déclare le Protecteur de son Etablissement, l'enrichit, le comble de ses bienfaits... JEAN DE DIEU obtient plus sans demander, que l'ambition la plus démesurée n'auroit osé souhaiter.

Mais au faîte de la gloire, l'homme d'humilité ne s'oublie pas. Des humiliations, il passe aux honneurs, il en soûtient l'éclat. Des honneurs, il passe aux humiliations, il en fait

fes délices. Les Saints portent par-
tout le même efprit, l'efprit de la
Religion.

Partout la Religion anime la charité de JEAN DE DIEU. Charité toujours humble, couronnée par la gloire; charité toujours obéiffante, ré-
compenfée par l'autorité, par la puiffance. *Ordinavit in me charitatem.*

Un nouvel enchaînement de merveilles me frappe, m'arrête. Ici, j'apperçois un homme, victime de l'o-
béiffance; là, j'apperçois un nouvel
Elie, prefque l'arbitre de la nature.

JEAN DE DIEU, nouvel Elie; oui,
M. F. A la voix du fecond Prophéte, comme à celle du premier, les
êtres inanimés deviennent fenfibles.
Elie commande; & il fait naître un
feu vengeur; JEAN DE DIEU parle;
& le feu fufpend fon activité. Quoi-
qu'en dife l'incrédulité, tous les fié-
cles enfantent des miracles.

Non loin du nouvel afile, dont
JEAN DE DIEU venoit de jetter les
fondemens, Grenade confervoit avec
reconnoiffance, un autre Etabliffe-
ment, également l'afile des Malades,

mais plus vaste , plus riche ; ouvrage digne de la magnificence dès plus
puissans Monarques. Il avoit eu les
Rois d'Espagne pour Fondateurs dans
sa naissance , & depuis plusieurs re-
gnes , il n'avoit point cessé de les
avoir pour Protecteurs... Hélas !
un instant pensa perdre le fruit de
tant de libéralités , & de tant de
siècles... Une étincelle vole ; le feu
se communique , l'embrasement se
forme , les flammes dévorantes pro-
duisent rapidement les plus horribles
ravages... Tout tombe, tout périt ;
de toutes parts , on ne voit que des
ruines, des cendres. Il est des images que le cœur saisit mieux, qu'il
n'est donné aux expressions de les rendre.

A ce fatal événement , tout s'em-
presse, tout accourt. Mais vainement
on épuise tous les secours, toutes les
ressources. Aux yeux des spectateurs,
tombent mille victimes de leur zèle.
Le danger accroît, l'ardeur se ral-
lentit, la terreur succéde à l'empres-
sement ; tout fuit ; & la charité ne
voit que des hommes , lorsqu'elle

avoit droit d'efpérer des héros. Je me trompe : il en eft un , que l'activité du feu ne peut arrêter , que rien n'étonne. Non , la timide réflexion ne peut fufpendre la rapidité de fes pas. Prodigue de fa vie , il s'élance au milieu des débris embrafés. A travers des tourbillons de flammes , il court , il vole vers ces triftes lieux , où l'incendie plus violent défole , renverfe , confume. Ferme , intrépide , invincible , il exhorte , il anime , il fecourre , dans un feul homme , on croit voir plufieurs JEAN DE DIEU. Lui feul n'apperçoit point le danger , que tout un peuple craint pour lui.

Mais , ô défolation ! il vient d'échapper aux regards attentifs à le fuivre. On ne voit plus qu'un feu deftructeur , toujours plus vif , plus univerfel. Les pauvres penfent avoir perdu leur Père. La crainte que l'on a d'un malheur , fait croire le malheur véritable. Que de foupirs ! que de larmes ! les traits les plus énergiques feroient trop foibles , pour repréfenter la vive douleur , dont Gre-

nade eſt pénétré. Vous euſſiez en-
tendu les Grands & les Peuples confondre enſemble leurs cris , leurs gé-
miſſemens. Que ce ſpectacle étoit
touchant ! Que les ſentimens des cœurs
ſe peignoient vivement dans les ex-
preſſions du deſeſpoir ! Il n'eſt donc
plus, s'écrioit-on , cet homme, qui
avoit vû les Anges , preſque jaloux
de ſa charité , s'offrir à partager ſes
travaux. Il n'eſt plus : ô ! Qu'il nous
eut épargné de regrets, s'il eut moins
écouté ſon zèle , & plus conſulté nos
frayeurs.

Calmez-les, ces frayeurs, Peuples
trop légitimement affligés. Jean de
Dieu eſt encore. Il a triomphé de
l'élément le plus terrible. Les malades ſont ſecourus, l'incendie eſt é-
teint. Applaudiſſez à la victoire de
celui , dont vous pleuriez la perte.
Le Ciel le conſerve pour vos intérêts, pour la gloire de la Religion.
Que l'époque de ſon triomphe ſoit
à jamais gravée dans tous les cœurs ;
qu'elle ſoit inſcrite dans vos faſtes.
L'Egliſe elle-même célébrera ce mi-
racle frappant , unique. Par elle, la

poſtérité la plus reculée connoîtra la puiſſance de JEAN DE DIEU ; dans tous les ſiècles, on dira, qu'un homme, guidé par la charité, a parû ſupérieur à la mort même. On dira que les flammes, qui embraſent ſon cœur, écartent, éteignent, anéantiſſent les flammes, qui devoient conſumer ſon corps. *In ſcholâ charitatis edocens, ſigniorem in eum fuiſſe ignem, qui foris uſſerat, quam qui intùs accenderat* (a).

Quel tiſſu de prodiges ne me fourniroit pas encore la puiſſance de JEAN DE DIEU, s'il étoit poſſible de n'en point abréger le brillant récit ! On verroit les eaux rapides du Xénil reſpecter ce nouveau Moyſe ; on verroit la mort même avoüer la force victorieuſe de cet autre Eliſée. La charité de JEAN DE DIEU, plus puiſſante que le ſceptre & la couronne, voit fuir devant elle tous les fléaux, qui menacent l'humanité. Sa puiſſance eſt une puiſſance toujours bienfaiſante. Sa charité ſoulage les malades,

---

(a) *In Offic. S. Joan. de Deo, Lect. 9. Brev. Rom.*

fa patience les fouffre , fon pouvoir
les guérit. Et les merveilles , qui
ont illuftré fa vie , fe perpétuent
après fa mort.

Quelle parole vient de m'échapper!
JEAN DE DIEU foible, abbatu, mou-
rant . . . . ô jour déplorable! ô fatal
événement ! elle va donc s'effacer,
pour la terre, l'image la plus parfaite
du Dieu des miféricordes . . . . Pauvres de Jefus-Chrift, accourez; venez
recüeillir les derniers foupirs de votre
tendre bienfaiteur. Son falut, & vos
intérêts, font les feuls objets, qui le
touchent, qui l'occupent. Les yeux
fixés fur la Croix, il demande pour
vous au Ciel des protecteurs, des fe-
cours. Il femble avoir oublié qu'il
vous laiffe d'autres lui-méme. Du lit
de fon infirmité, il porte vos miféres,
& fes vœux aux pieds des Autels.
Hélas ! l'Autel devient fon tombeau.
Il prie ; & il expire. . . .

Repréfentez-vous la confternation
de Milan, à la mort de S. Ambroife,
l'accablement de la Touraine, à la
mort de S. Martin ; images fidèles du
deüil, de la défolation, qui fe répan-
dent

dent dans Grenade, à la mort de S. JEAN DE DIEU.... L'Eglife regrette un Saint, fon ornement & fa gloire. Les pauvres réclament un Saint, leur Apôtre, & leur Père. Tous les états perdent un Saint, leur confeil, & leur modèle.

Non, les plus magnifiques obféques des Rois n'égalent pas la pompe funébre, que la reconnoiffance croit devoir aux précieux reftes de JEAN DE DIEU. C'eft moins un fpectacle lugubre, qu'une Fête brillante. On le pleure; & on invoque. Les regrets & les éloges femblent déja commencer la célébrité de fon culte.

Dans la douleur publique, il refte un double motif de confolation. La puiffance de JEAN DE DIEU dans le Ciel, fon efprit fur la terre. Dans lui, les pauvres n'ont perdu qu'un père; il leur en laiffe plufieurs. *Videant paupe-res, & lætentur.* (a) Que les pauvres ouvrent les yeux, qu'ils voient leurs reffources, & qu'ils fe livrent aux tranfports de la plus jufte allégreffe.

____

(a) Pf. 68. 33.

D

Videant pauperes, & lætentur. Qu'ils efpérent tout de la charité, qui anime les Difciples de JEAN DE DIEU : dans tous les fiècles, elle s'attendrira fur les befoins des pauvres, elle fe dévoüera au fervice des malades. Dût-elle ne travailler que pour des ingrats, elle fera toujours active fans repos, officieufe fans intérêt, digne de nos éloges, parce qu'elle eft digne de JEAN DE DIEU, & de la Religion.

Pour vous, Chrétiens, quand marcherez-vous fur les traces du faint Légiflateur, dont l'Eglife célébre aujourd'hui le triomphe ? N'aura-t'il donc des imitateurs que parmi fes Difciples ? Ah ! venez, venez, à l'ombre de cet afile, apprendre & la néceffité, & l'héroïfme de la charité. *Ordinavit in me charitatem.* Charité, que Dieu infpire, que Dieu foûtient, que Dieu couronne, fur la terre, & dans le Ciel. Je vous le fouhaite.

F N.

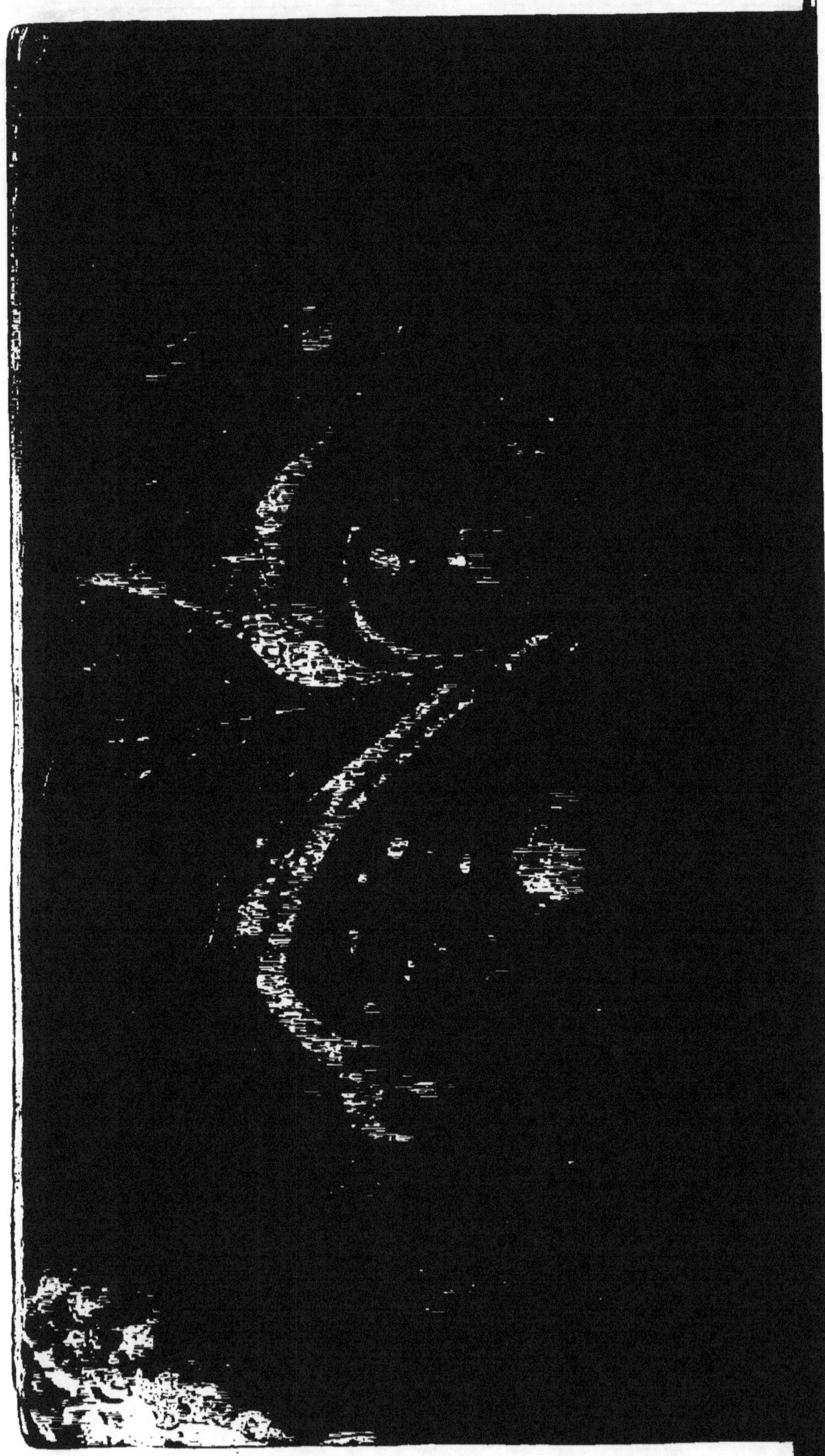